Lies mich! Frühling 2

Magazin in einfacher Sprache

Gisela Darrah

Impressum:

Verlag: BoD · Books on Demand GmbH,
Überseering 33, 22297 Hamburg, bod@bod.de
Druck: Libri Plureos GmbH,
Friedensallee 273, 22763 Hamburg
ISBN: 978-3-8192-4922-8

Inhalt

Reportage

April, April

Im April ist das Wetter komisch. Manchmal scheint die Sonne und es ist warm. Manchmal ist es kalt und es schneit. Der April kann sich nicht entscheiden.

Am ersten April darf man mit anderen Menschen Spaß machen. So wie der April zuerst warm ist, dann kalt, so darf man etwas Falsches sagen und später das Richtige.

Frau Meier sagt zu ihrem Mann: „Dein Chef hat angerufen. Er sagt, du musst heute nicht arbeiten.“ Der Mann wundert sich. Nach einigen Minuten sagt die Frau: „April, April. Das war nur ein Witz.“

Sabine sagt zu ihrer Freundin: „Du hast einen Fleck an

der Jacke. Das sieht ja schlimm aus."
„Wo ist der Fleck?"
„April, April."

In der Zeitung gibt es eine Meldung. Da ist ein neues Gerät. Man kann damit aus einer schlechten Laune eine gute Laune machen. Ganz neu! Das könnte jeder gebrauchen.
Unter der Meldung steht: „Das ist ein Aprilscherz." Ein Bauer schreibt in der Zeitung, dass er seine Hühner mit Kräutern füttert, damit sie farbige Eier legen.

In der Zeitung steht: Der erste April wird ein neuer Feiertag in Deutschland. Keiner muss arbeiten. Jetzt hat man Zeit für Witze. Auch das ist ein Witz.

Fritz stellt die Uhr falsch und fragen dann: „Wie spät ist es?“
Die Mutter sagt: „12 Uhr.“
„Zeit für das Mittagessen.“, sagt Fritz.
„Aber wir haben doch gerade gefrühstückt!!!!“

„April, April.“ Maria gibt Salz auf die Zahnbürste von ihrem Bruder.
Am Abend will Martin seine Zähne putzen.
„Iiih!“ ,ruft er. „Wie schmeckt denn das?“
Maria lacht.

Martin gibt ihr einen schönen Apfel. Sie will ihn essen.
„Iiih! Da ist ja ein Wurm!“
„April, April! Der Wurm ist aus Gummi!“,sagt Martin.

Wissen:

Heilquellen

Viele Menschen baden in Heilwasser oder trinken es. Es gibt in Deutschland etwa 60 Heilquellen. Das Wasser ist gut für die Gesundheit, weil Mineralien darin sind wie zum Beispiel Natrium, Calcium und Magnesium.
Auch das Mineralwasser, das wir kaufen, kommt aus Heilquellen.

Wenn eine Heilquelle über 20 Grad warm ist, nennt man sie Thermalquelle. Thermalbäder sind sehr beliebt für den Urlaub und als Kur, besonders wenn man Probleme mit den Gelenken hat.

Eine Thermalquelle hat zum Beispiel die Kurstadt Bad Dürkheim.

Unterwegs

Bad Dürkheim

Bad Dürkheim ist eine Kurstadt in Rheinland-Pfalz. Die Stadt liegt an der Deutschen Weinstraße. Das Klima ist mild, der Winter ist nicht so kalt. Die Landschaft zwischen Wald und Weinbergen ist schön.

Der Dürkheimer Wurstmarkt ist das größte Weinfest der Welt, mit viel Musik, Essen und Trinken, Verkaufsständen und Fahrgeschäften, z. B. das Riesenrad.

In Bad Dürkheim steht auch das größte Fass der Welt. Es fasst 1,7 Millionen Liter. In diesem Fass ist aber kein Wein, sondern ein Restaurant.

Um Bad Dürkheim herum kann man gut wandern, durch Wald und Felder, an Burgen und Türmen vorbei.

Wer nur wenig Zeit hat, kann im Kurpark spazieren gehen. Dort sind viele schöne Blumen, Bäume und Cafés.

Neben dem Kurpark ist die Saline. Die Quelle in Bad Dürkheim enthält Salz und dieses Wasser wird in der Saline entlang geleitet und verdunstet dort. Man atmet die salzige Luft. Das ist gut für die Lungen und Bronchien.

Bad Dürkheim liegt an der Weinstraße. In den Weinbergen wachsen die Trauben für guten Wein. Viele Menschen besuchen die Stadt im Herbst, wenn es neuen Wein gibt.

Feste:

Muttertag und Vatertag

Der Muttertag:

Wann?

Der Muttertag ist immer am 2. Sonntag im Mai.

Warum?

An diesem Tag möchte man die Mütter ehren und feiern.

Wie?

Der Tag wird meistens in der Familie gefeiert. Viele Kinder machen selbst für ihre Mutter Karten, kaufen Geschenke und Blumen.
Oft machen an diesem Tag die Kinder das Frühstück, die Mutter bleibt im Bett.

Der Vatertag:

Wann?

Der Vatertag wird zu Christi Himmelfahrt gefeiert. Das ist 39 Tage nach dem Ostersonntag.

Warum?

An diesem Tag möchte man die Väter feiern. Oder die Väter feiern sich selbst.

Wie?

Männer machen oft an diesem Tag einen Ausflug. Sie wandern, fahren Fahrrad oder mit einer Kutsche. Wenn sie wandern, nehmen sie alkoholische Getränke in einem Bollerwagen mit. Manchmal gehen sie auch angeln oder grillen.

Gesundheit

Fit im Frühling

Der Winter ist für den Körper anstrengend. Es fehlt Vitamin D. Im Sommer nimmt man das durch das Sonnenlicht auf. Aber im Winter ist die Sonne schwach und scheint oft nicht. Viele Menschen sind im Frühling müde, man nennt das auch die Frühjahrsmüdigkeit.

Es ist wichtig, die ersten jungen Kräuter und Gemüse zu essen, die es im Frühling gibt, zum Beispiel Schnittlauch, Estragon, Frühlingszwiebeln, Radieschen und Salat.

Das stärkt den Körper von innen. Wir brauchen Vitamine und frische Luft.

Auch wichtig ist es, so viel wie möglich an die Sonne zu gehen. Sie ist noch nicht so warm, aber mit einer Jacke oder einem Mantel soll man spazieren gehen.

Natur

Kräuter im Frühling

Schnittlauch

Schnittlauch ist ein grünes Kraut mit langen, dünnen Röhren. Es riecht und schmeckt wie Zwiebeln. Man schneidet Schnittlauch klein und gibt ihn über Salat, Suppe oder belegtes Brot. Er ist gesund und enthält viel Vitamin C. Schnittlauch findet man auch im Supermarkt.

Kresse

Kresse ist ein kleines, grünes Kraut. Sie wächst sehr schnell, nach wenigen Tagen kann man sie ernten. Kresse schmeckt scharf, ähnlich wie Senf. Sie ist lecker auf Brot, gekochten Eiern oder Salat. Sie ist vitaminreich.

Bärlauch wächst im Frühling wild im Wald. Er riecht stark nach Knoblauch. Die Blätter sind grün und weich, die Blüten sind weiß. Bärlauch ist lecker in Pesto, Suppe oder Quark, auch kleingeschnittene Blätter auf einem Butterbrot schmecken gut.

Aber Vorsicht! Nicht mit Maiglöckchen verwechseln, die ähnliche Blätter haben. Maiglöckchen sind giftig. (Der Geruch nach Knoblauch beweist, es ist Bärlauch.)

Estragon ist ein feines Küchenkraut. Es treibt im Frühling als eines der ersten Pflanzen aus. Die Blätter sind schmal und grün.

Er schmeckt ein bisschen süß und leicht bitter. Man nimmt ihn zu Fisch, Fleisch oder Soßen. Besonders in der französischen Küche ist er beliebt.

Im Frühling treiben die Brennesseln frisch aus. Die jungen Triebe im Frühjahr kann man für einen Brennesseltee nehmen, der ist sehr gesund und reinigt das Blut.

Bei größeren Pflanzen brennen die Blätter auf der Haut. Gekocht brennen sie nicht mehr, sie können wie Spinat gegessen werden.

Brenneseltee aus getrockneten Pflanzen kann man in der Apotheke oder sogar im Supermarkt kaufen.

Eine Frühjahrskur mit Tee aus frischen Trieben ist empfehlenswert. Sie sollten nicht mehr als eine Handbreit groß sein.

Kindermund

....

Conni ist zwei Jahre alt. Es ist Sommer und die Familie frühstückt auf der Terrasse. Da sind viele Wespen.

Conni ruft: „Weste! Weste!“

Mama sagt: „Das heißt Wespe. Mit p wie Papa.“

Conni: „Papa-Weste!“

....

Finn geht seit drei Wochen zur Schule. Die ganze Familie möchte immer wissen: „Wie gefällt es dir in der Schule? Was hat der Lehrer gesagt? Was hast du heute gelernt?“

Zuerst die Oma. Sie holt Finn von der Schule ab.

Dann die Mama. Sie kommt etwas später von der Arbeit. Und am Abend auch Papa.
Da sagt Finn: „Muss ich wirklich jeden Tag alles dreimal sagen?“

....

Sara (6 Jahre) zählt gerade ihr Geld. Sie möchte etwas kaufen und weiß nicht, ob sie genug Geld hat.
Papa sagt: „Du hast auch noch Geld auf der Bank.“
Sie rennt nach draußen zur Gartenbank.
Dann kommt sie zurück in die Küche und sagt enttäuscht: „Auf der Bank liegt kein Geld!“

Wissen

Was blüht im Frühling?

der Krokus

die Narzisse (die Osterglocke)

die Magnolie

das Gänseblümchen

der Flieder

die Rose

die Iris
(die Schwertlilie)

der Mohn
(der Klatschmohn)

Suchrätsel
Finde 7 Blumennamen im Rätsel

I	R	I	S	G	O	K	N
M	O	H	N	A	D	E	R
F	L	I	E	D	E	R	O
O	N	G	T	U	O	R	S
M	A	G	N	O	L	I	E
E	R	K	R	O	K	U	S
N	A	R	Z	I	S	S	E

Lösung auf Seite 40

Rezepte: Salate mit frischen Kräutern

Löwenzahnsalat:

Zutaten: *3 handvoll Löwenzahnblätter, Schinkenspeckwürfel, 3 Zehen Knoblauch, Olivenöl, Salz, Weißbrotwürfel*

Sammeln Sie nur junge Blätter vom Löwenzahn. Nicht neben der Straße sammeln! Die Blätter für kurze Zeit in Salzwasser legen.

Den Schinkenspeck in einer Pfanne anbraten, bis er knusprig ist. Dann die Weißbrotwürfel dazugeben, und knusprig braten. Zuletzt die gepressten Knoblauchzehen dazugeben.

Die Löwenzahnblätter mit Salz und Pfeffer bestreuen. Das Olivenöl und den Pfanneninhalt dazugeben. Sofort servieren, weil der Salat schnell zusammenfällt.

Man kann noch gekochte Kartoffeln und gekochte Eier dazugeben.

Taboule:

(aus der syrischen und libanesischen Küche)

Zutaten: 40 g Bulgur, fein (Weizengrütze), 3 Tomaten, 1/2 Gurke, 300 g glatte Petersilie, 1 Zwiebel, 2 Stängel Minze, 1 Zitrone , Olivenöl, Salz

Den Bulgur mit heißem Wasser übergießen und ½ Std. quellen lassen.
Tomaten und Gurke fein würfeln, Zwiebel fein schneiden.
Petersilie und Minze fein hacken.

Bulgur ausdrücken und mit den anderen Zutaten mischen. Zitrone, Öl und Salz dazugeben.

Auf Salatblättern anrichten.

Spargelsalat mit Ei und Schinken:

1 kg weißer Spargel, 200 g Kochschinken, 3 hartgekochte Eier, 3 Frühlingszwiebeln
Dressing: 150 g Kräuter Creme fraiche, 1 EL Olivenöl, 1 Zitronensaft, Salz, Pfeffer

Spargel schälen, in Stücke schneiden, in 20 g Butter mit 1 EL Zitrone und Zucker zugedeckt 10 Min köcheln lassen.

Jedes Ei in 8 Stücke schneiden, Schinken würfeln, Frühlingszwiebeln in feine Ringe schneiden.

Dressing: Creme fraiche, Olivenöl, Zitrone, Salz und Pfeffer verrühren.

Die restlichen Zutaten unterheben, mit frischem Baguette servieren.

Wie schreibt man das?

Mehr oder Meer?

Menschen bei der Arbeit

Der Maler

Walter Scholl ist Maler von Beruf. Er arbeitet bei einer Baufirma und streicht Wände, Türen und Fenster. Auch außen am Haus muss er den Sockel streichen.

Guten Morgen, Herr Scholl. Sie sind gerade auf dem Weg zu Ihrer Arbeit, nicht wahr?

Ja, ich fahre jetzt zur Baustelle.

Wie heißt Ihr Beruf genau?

Maler und Lackierer, manche sagen auch Anstreicher.

Was gefällt Ihnen an Ihrem Beruf und was gefällt Ihnen eher nicht?

Mir gefällt, dass ich nicht immer den gleichen Arbeitsplatz habe, wie zum Beispiel im Büro. Ich komme herum. Es ist auch schön, dass nach der Arbeit

etwas zu sehen ist. Wenn ich gut gearbeitet habe, sind die Wände schön anzusehen und das macht Freude.
Weniger schön ist der Geruch mancher Farben. Dann muss ich eine Atemschutzmaske anziehen, zum Beispiel bei Gartenzäunen.

Welche Werkzeuge und Utensilien brauchen Sie für Ihre Arbeit?

Das kennen viele Leute ja von zu Hause. Pinsel, Spachtel, Farbeimer und eine Leiter sind das Mindeste. Dann verschiedene Rollen, kleine und große.

Wie lange hat Ihre Ausbildung gedauert?

Ich habe drei Jahre gelernt und eine Gesellenprüfung gemacht.

Möchten Sie noch weiter lernen?
Mal sehen, vielleicht. Als Meister könnte ich mich dann selbständig machen.

Reim gesucht

1. Der Frühling kommt, es blüht der Flieder,
   die Vögel singen in den Bäumen w _ _ _ _ _.

2. Sie bauen sich ein Nest und dann
   fangen sie zu brüten _ _ .

3. Die Jungen haben ihren Schnabel offen
   und bekommen, was sie sich erh _ _ _ _ _ .

4. Wenn sie dann groß sind, fliegen sie fort,
   sie gehen an einen anderen O _ _ .

5. Die Menschen freuen sich über die Sonne
   und gehen spazieren voller W _ _ _ _.

6. Die Blumen blühen gelb und weiß,
   die Sonne ist mild und noch nicht h _ _ _.

7. So ist der Frühling sehr beliebt,
   wir freuen uns, dass es ihn g _ _ _.

Lösung auf Seite 40

Reportage

Was kann man gegen den Klimawandel tun?

Reporter: *Guten Tag, Herr Spies. Sie haben in Ihrer Rede gesagt, dass der Klimawandel ein großes Problem ist. Wie entsteht denn der Klimawandel?*

Herr Spies: *Ja, der Klimawandel ist wirklich ein großes Problem. Er entsteht, weil wir Menschen zu viele Treibhausgase wie Co2 in die Luft pusten. Das wirkt wie eine Decke auf die Atmosphäre. Sie halten die Wärme auf der Erde fest. Dadurch wird es immer wärmer, die Gletscher schmelzen, der Meeresspiegel steigt, es gibt Hitzewellen, Dürren oder starke Regenfälle.*

Reporter: *Was tut denn die Regierung gegen den*

Klimawandel? Was tun Sie als Politiker?

Herr Spies: *Wir fördern erneuerbare Energien, das heißt Strom aus Sonne, Wind und Wasser. So wird weniger Kohle oder Gas verbraucht. Wir unterstützen die öffentlichen Verkehrsmittel, um weniger Abgase in die Luft zu pusten.*

Reporter: *Und was können normale Menschen tun?*

Herr Spies: *Jeder kann helfen. Zum Beispiel durch sparsamen Verbrauch von Strom und durch Einkaufen von regionalen Produkten. Es ist nicht sinnvoll, Obst und Gemüse zu kaufen, das um die halbe Welt gereist ist.*

Reporter: *Ja, das ist wahr. Auch Flugreisen und Massentourismus sind nicht gut für das Klima.*

Herr Spies: *Genau. Öfter mal zu Fuß gehen oder mit dem Fahrrad fahren ist sogar gut für die Gesundheit. Wir haben uns zu sehr an das Auto gewöhnt. Im Wald zu wandern ist viel erholsamer als im Stau zu stehen, um weit weg in den Urlaub zu fahren.*

Ein weiterer Punkt ist, weniger Fleisch zu essen. Tiere wie Rinder sind schädlich für die Umwelt, Der Anbau ihrer Nahrung benötigt viel Land, das dann nicht mehr als Wald Sauerstoff liefert. Sie stoßen auch Treibhausgas aus.

Reporter: *Auf Fleisch zu verzichten, das fällt vielen Menschen schwer. Fleisch war lange Zeit ein beliebtes Nahrungsmittel. Allerdings ist es auch hier wieder zu sehen: Weniger Fleisch zu essen ist gesund und hilft gleichzeitig der Umwelt.*

Vielen Dank für das Gespräch, Herr Spies.

Wissen

Regen bringt Segen

Regen ist Wasser, das aus den Wolken fällt.

Wie entsteht Regen?

Regen entsteht, wenn Wasser aus Flüssen, Seen und dem Meer verdunstet. Das heißt: Die Sonne macht das Wasser warm, und es wird zu Wasserdampf. Der Dampf steigt in den Himmel. Dort ist es kälter. Der Wasserdampf wird zu kleinen Tropfen und bildet Wolken. Wenn sich viele Tropfen in den Wolken sammeln, werden sie schwer. Dann fallen sie als Regen zur Erde.

Warum ist Regen wichtig?

Regen ist sehr wichtig für Pflanzen, Tiere und Menschen. Ohne Regen könnten keine Bäume oder Blumen wachsen.

Auch Tiere brauchen Wasser zum Leben. Der Regen füllt Flüsse, Seen und das Grundwasser. Menschen nutzen dieses Wasser zum Trinken, Kochen, Waschen und vieles mehr.

Welche Gefahren kann Regen bringen?

Manchmal regnet es zu viel auf einmal. Dann kann es Überschwemmungen geben. Straßen, Häuser und Felder stehen unter Wasser. Menschen und Tiere sind in Gefahr. Starkregen kann auch Erdrutsche auslösen und den Boden wegspülen. Deshalb ist es wichtig, auf Warnungen zu achten.

Regen bringt Segen

Regen ist ein Geschenk der Natur. Ohne ihn könnten wir nicht leben. Doch wir müssen auch vorbereitet sein auf möglichen Starkregen und uns vor Flut schützen.

Mensch und Natur

Der Wald

Der Wald – ein ganz besonderer Ort mit seinen vielen Bäumen, Tieren und Pflanzen. Er ist wichtig für die Natur und auch für uns Menschen.

Der Wald liefert uns eine wichtige Ressource, das Holz. Holz wird seit Jahrhunderten als Baumaterial, Brennmaterial und als Rohstoff für Möbel, Papier und Werkzeuge genutzt. Viele unserer traditionellen Kulturgüter wären nicht denkbar ohne Holz, zum Beispiel die Kuckucksuhr, die Wiege für kleine Kinder und viele andere Dinge, die wir schätzen.

Die Bäume im Wald verbessern die Luft. Sie machen aus schädlichem CO2 Sauerstoff, den wir zum Atmen brauchen.

Für den Menschen ist der Wald ein Ort der Ruhe. Wenn wir im Wald spazieren gehen, fühlen wir uns im Gleichgewicht mit der Natur. Die mächtigen Bäume wiegen sich im Wind, Vögel zwitschern, das Grün um uns herum beruhigt die Nerven.

Das alles hilft uns, Stress besser zu bewältigen. Man nennt heute das achtsame Gehen im Wald auch „Waldbaden“. Den Wald mit allen Sinnen aufnehmen, das tut uns gut.

Lösungen:

Seite 24: Suchrätsel Frühlingsblumen

***waagerecht**: Iris, Mohn, Flieder, Magnolie, Krokus, Narzisse*

***senkrecht**: Rose*

Seite 25 Reim gesucht:

1. *wieder 2. an 3. erhoffen 4. Ort 5. Wonne 6. heiß 7. gibt*

Bildnachweise:

Seite 10 und 11: Steffen Lüke

Alle anderen Fotos und Zeichnungen: Gisela Darrah